VIVIANNE FAIR

Steph,
a super-hiperativa

1ª edição
São Paulo
2022

Steph, a Super-Hiperativa
Copyright © 2022 – Vivianne Fair
Direitos de Edição e Impressão – Trilha Educacional Editora
Autora: Vivianne Fair
Ilustradora: Vivianne Fair
Editor: Luís Antonio Torelli
Projeto Gráfico e Editoração: Thapcom Design + Ideias
Leitura Crítica: Dida Bessana

Dados Internacionais de Catalogação na Publicação (CIP)
(Câmara Brasileira do Livro, SP, Brasil)

Fair, Vivianne
   Steph : a super-hiperativa / Vivianne Fair ;
[ilustrações da autora]. -- 1. ed. -- São Paulo :
Trilha Educacional, 2022.

   ISBN 978-65-87995-13-7

   1. Crianças hiperativas - Literatura
infantojuvenil 2. TDAH (Transtorno do Déficit de
Atenção com Hiperatividade) I. Título.

22-124642	CDD-028.5

Índices para catálogo sistemático:

1. Transtorno do Déficit de Atenção com
      Hiperatividade : Literatura infantil   028.5
2. Transtorno do Déficit de Atenção com
      Hiperatividade : Literatura infantojuvenil
      028.5

   Cibele Maria Dias - Bibliotecária - CRB-8/9427

Todos os direitos reservados. Nenhuma parte desta obra poderá ser reproduzida por fotocópia, microfilme, processo fotomecânico ou eletrônico sem permissão expressa do autor.

Impresso no Brasil

Trilha Educacional Editora
Rua Augusta, 101 – 10º andar – Sala 1018 – Consolação
01305-000 – São Paulo/SP – Brasil
Fone: 55 11 2171-1511
contato@trilhaeducacional.com.br

DEDICATÓRIA

Para meu filho
Juliano, para que ele sempre se lembre de que é super!

AGRADECIMENTOS

Primeiro, às crianças que, como eu e meu filho, temos muita animação para entender e nos encaixar no mundo ao nosso redor. Ou fazer o mundo se encaixar ao nosso redor, tanto faz! O importante é que fazemos parte dele, não é?

Quero agradecer a meu marido Júlio, que me entende e sabe que às vezes não é fácil conversar com alguém que muda de assunto a todo instante. E a meu filho Juliano, claro, que já teve problemas na escola com seu excesso (ou não) de agitação. Quero agradecer a Deus que me fez exatamente assim e por me amar do jeito que sou.

Agora seja como a Steph e vá salvar os fracos e deprimidos. Quem sabe pode ser como ela e ter vontade de colocar no papel tudo o que imagina? Pode ser desenho ou escrita, o que sua incrível imaginação mandar!

Boa leitura.

PREFÁCIO

Nunca foi fácil ser hiperativa em um tempo em que as pessoas achavam que era só estudar direito que se passava de ano. Na verdade, eu não conseguia entender por que para alguns era tão fácil estudar e eu nunca conseguia me concentrar em algo de que não gostava muito. Mas ler livros de fantasia e histórias em quadrinhos era tão fácil! Eu ficava horas enfurnada nos livros e não ouvia quando me chamavam. Isso rendeu várias idas ao psicólogo.

Depois de crescer com essa dificuldade, percebi que meu filho enfrentava o mesmo problema. Com frequência, ele perdia tudo, se distraía com facilidade, mas ficava incrivelmente concentrado em jogos ou em qualquer coisa que despertasse sua curiosidade e interesse. Tinha dificuldade em fazer amigos e suas notas na escola eram fracas nas matérias (ou disciplinas) de que ele não gostava. Passávamos horas estudando, mas ainda assim ele não conseguia ter boas notas e ficava muito frustrado.

Levei-o ao neurologista e fiz uma descoberta incrível: tanto ele quanto eu temos TDAH. No entanto, eu sou como a Steph, extrovertida e curiosa, ao passo que ele é introvertido e tímido. Resolvi então estudar o assunto com mais intensidade e descobri que grande parte da população tem uma pequena parcela desse transtorno. É muito fácil se concentrar naquilo de que se gosta e se dispersar naquilo de que não se gosta. Alguns perdem o foco mesmo em poucos segundos.

Não encarei o TDAH como um problema, mas como um desafio e foi isso que quis transmitir a meu filho. Ele achava que não conseguiria alcançar os colegas e foi assim que a *Steph, a super-hiperativa* surgiu. Escrevi-o para ele e fiz com que o lesse. Meu filho se apaixonou pela Steph, disse que era igual a ela e que também conseguiria superar o TDAH como ela fez. Comecei a me aprofundar ainda mais no livro, acrescentando novas cenas e ilustrações e me apaixonei pela personalidade dela.

Quero mostrar às crianças que todas podem ser como a Steph, porque o TDAH não é um distúrbio e sim um traço delas e um desafio que vai torná-las mais curiosas e produtivas.

Vivianne Fair
Autora e Ilustradora

São Paulo
Agosto de 2022

Não havia ninguém mais desligado e, ao mesmo tempo, tão serelepe em sala de aula como a Steph. Nem bem começava a aula e lá estava a professora chamando a atenção da menina.

— Steph, vira pra frente!

A professora do 6º ano mandava abrir o livro e a mente da Steph estava passeando em outro lugar. Talvez em um reino distante, quem sabe? As crianças riam e diziam a frase de sempre:

— Eeh, Steph! Sempre no mundo da lua!

Mas também não era sempre assim. Às vezes, ela acordava com a corda toda. Agitada que só, nem parava na cadeira e parecia que tinha tanto assunto como se acabasse de chegar de uma viagem de vinte dias na praia. Nem as crianças aguentavam tanta tagarelice. O pior é que ela mudava de assunto mais rápido do que foguete indo para Marte.

— Nossa, você não sabe quem vi outro dia!

— Quem? — perguntava sua amiga Cristina, curiosa.

— O professor que deu aquela aula pra gente!

— Que aula? Que professor?

— Nossa, ele é tão bonito!

— O professor?

— Não, o gato da minha prima!

— Sua prima namora o professor?

— Que professor?

Material era outro problema. Sempre trazia o livro de matemática para a aula de geografia ou o uniforme de educação física para a aula de natação. Mas não era só na escola, a mãe também estava sempre na cola dela.

— Steph, fez o dever de casa? Steph, já arrumou sua cama? Steph, você deu comida para o cachorro? Eeh, Steph!

Mas ela não fazia isso por maldade, não. Era mesmo desligadinha a menina. Volta e meia começava alguma coisa, largava para fazer outra ou simplesmente ficava pensando na morte da bezerra e deixava tudo meio sem terminar.

A escola já havia ligado várias vezes e dona Mariana já tinha conversado umas três ou quatro vezes com a orientadora escolar.

E com a coordenadora.

E com a professora.

— Dona Mariana, isso não pode continuar assim! Steph está desatenta que só e atrapalha a aula porque sempre fica pedindo coisas emprestadas —, disse a professora, preocupada.

E dona Mariana dava um suspiro e dizia:

— Eu sei, eu sei...

As crianças realmente viviam emprestando coisas para Steph. Chegaram a achar que a menina era pobre e por isso nunca trazia o material; porque não tinha. Ainda bem que dona Mariana nunca soube, senão morreria de tanta vergonha!

Por isso um dia fizeram uma vaquinha e compraram tudo: borracha, estojo, lápis de cor, apontador, até caderno.

No dia seguinte, Steph aparecia bonita, penteada, perfumada. Na hora em que a aula começava e a professora mandava abrir o caderno, lá estava a menina outra vez.

— Xii, professora, esqueci...

E a classe inteira:

— Eeh, Steph!

Na maioria das vezes, ela não se dava muito bem com os colegas. Mas não porque fosse mal-educada ou coisa do tipo. Estava sempre na dela, cantarolando baixinho ou pensando no filme que tinha visto no dia anterior. Aquele, sabe, em que o detetive descobre que o ladrão na verdade não era o mordomo e, sim, o jardineiro.

"Bem que eu desconfiava que era alguém na casa" — pensava ela. — "Senão como é que ia tirar as joias da casa da Madame Boulevard sem que ninguém visse?"

E nem notava que as crianças já estavam cansadas de chamá-la para brincar.

O problema é que, quando brincava, Steph sempre errava a cesta no basquete ou chutava para fora do gol. Não era muito boa nos esportes mesmo. E tinha um pavio curto que só.

— Por que não pegou a bola, Steph? — perguntava um companheiro da equipe.

— Eu não podia deixar me acertar — retrucava ela —, senão eu ia perder!

— Estamos jogando vôlei, Steph, não queimada! — dizia outro amigo do time.

— Vocês sempre brigam comigo! Sempre assim! Sempre sou eu que faço as coisas erradas, né? E vocês me atrapalharam! Sabiam que quase descobri o enigma que estava lá no fim do livro de geografia?

— Mas que livro de geografia? — retrucava um outro. — Nem temos aula amanhã!

— Não?

— Não!

— Anh... do que a gente tava falando mesmo?

— Eeh, Steph!

A menina era sempre assim: vivia isolada no mundinho dela, brincava com as mãos e sempre acabava discutindo com as crianças. Essas viviam implicando com ela e chamando a amiga de astronauta.

As notas na escola também não eram lá essas coisas. Claro, nunca conseguia sentar para estudar porque logo se distraía com alguma coisa. Mal a mãe fechava os olhos e lá estava Steph abrindo a geladeira para ver o que tinha. Nem comia nada, era só por curiosidade mesmo. Ou ainda ligava o computador para ver o horário dos filmes sem nem ter se programado para ir ao cinema. Ficava cinco minutos estudando e a outra parte do tempo tentando resolver o mesmo problema de matemática. Ou então palavras cruzadas. Ela amava aqueles caderninhos. Só que Steph não era tão desligada assim. Quando cismava com alguma coisa de que gostava ou apenas com um livro bem legal, ninguém conseguia desligá-la daquilo. Steph amava ler, mas só conseguia se concentrar no que gostava mesmo; e lia muito. Sabia um monte de coisas, vivia pesquisando assuntos diferentes na internet e tudo. As crianças implicavam quando ela não guardava as datas do livro de história, mas sabia de cor o nome dos personagens do Sítio do Pica-Pau Amarelo. Quando cismou com os livros do Monteiro Lobato, foi um deus nos acuda. A mãe da Steph precisava bater palmas para acordar a menina.

Dona Mariana já não sabia o que fazer, mas sabia que Steph precisava de ajuda para poder se concentrar mais. Talvez ela fosse só um pouquinho diferente das outras crianças, então nada melhor do que um especialista, certo? Talvez um exame completo, e como já ouviu falar que problemas de concentração podem ter a ver com o cérebro, resolveu levar Steph ao médico neurologista.

— Mamãe, por que vou ao médico? — perguntou ela, irrequieta, nem bem saíam da garagem. — Não estou doente.

— Vamos a um neurologista, Steph.

— Neu... o quê? Um médico neurótico?

— Não, menina, um neurologista é um médico que examina a cabeça.

— Ué, mas minha cabeça é do tamanho da cabeça de todo mundo. Se fosse a cabeça do Fábio lá da minha sala, tudo bem, porque ele tem um cabeção que não tem tamanho. Sério, mamãe, acho que eu devia chamar o Fábio, ele tem de saber disso.

— Ai, Steph, neurologista é um médico que examina sua mente!

— Ué? Vou fazer cirurgia, mamãe?

— Quem falou em cirurgia, moleca?

— Ué, mamãe, a mente da gente não fica dentro da cabeça? Como ele vai ver minha mente?

— Ele vai usar só... ah, sei lá, Steph, ele não vai abrir sua mente, ele vai... hum... como posso explicar? Usar um tipo de aparelho legal para ler sua mente. Entendeu?

A menina fez que sim com a cabeça. Olhou para fora, admirando os carros passando rapidamente pela janela e percebeu que os prédios também passavam, mas um pouco mais devagar. Matutou um tempo e depois perguntou:

— Ele também tem bola de cristal, mamãe?

A sala do médico era bem grandinha. O sofá, então, nem se fala. Macio, com um acolchoado esquisito de flores e meio escuro. Steph achou um rasgo na almofada e ficou feliz da vida, distraída, cutucando com um dedo e aumentando cada vez mais o buraco no estofado. Quando ele já estava com uns dez centímetros de tamanho, a secretária disse que já podiam entrar, acabando com a festa da menina.

Steph entrou sorridente, procurando a bola de cristal do médico, ou talvez ele fosse daqueles que liam a mão. Só que quando ele tentou apertar a mão dela, Steph apenas a estendeu e apontou para as linhas na pele.

— Essa aqui é a linha da vida, acertei?

— O quê? — perguntou o médico, coçando a cabeça.

— Você não lê as mãos?

— Eu... não.

— E cadê sua bola de cristal?

— Não sou vidente, Steph.

— Você lê a mente, não abre a cabeça, nem usa bola de cristal? Faz hipnose então?

— Não.

— Mas então o que um neurótico faz?

— Neurologista — corrigiu ele, educadamente.

— Ceeerto. O que você faz?

— Vamos aos poucos, certo? Pode preencher este questionário para mim?

Steph pegou o papel obedientemente e sentou-se a uma mesinha baixa para responder às perguntas atentamente. Quanto mais rápido terminasse aquilo, melhor. Tinha algumas fases no seu jogo de videogame que ela ainda não tinha passado.

"1) Você tem facilidade para ler?"

— Como assim? — perguntou ela, baixinho. — Estou lendo isto aqui, não estou?

"2) Você costuma perder a concentração com facilidade?"

— Peraí... onde eu estava mesmo? Essa é a três ou a quatro?

"3) Você costuma fazer muitas coisas ao mesmo tempo?"

— Ai, enquanto respondo isto, vou ouvir meu MP3. É coisa demais para responder.

Enquanto isso, dona Mariana estava listando todas as coisas que a menina aprontava ou deixava de aprontar. Como Steph já estava acostumada que falassem dela (afinal, passara por tantas reuniões na escola que já tinha virado rotina), nem ligou muito.

Depois que terminou de preencher a folha enorme que o médico lhe dera, estendeu-a feliz e contente para ele, considerando que merecia uma recompensa por todo aquele trabalho. Ele pegou a folha com cuidado e ainda avisou que ela deixara três ou quatro perguntas sem responder.

Resmungando, ela sentou-se à mesa, riscou rapidinho a folha e a estendeu para ele, aliviada.

— Pronto! — anunciou.

O Dr. Rada pediu que ela se deitasse em uma mesa comprida, parecendo com aquelas dos psicólogos dos filmes, e pôs umas coisas gelatinosas com fios compridos na cabeça dela. Como não podia reclamar porque a mãe já estava olhando com uma cara de poucos amigos, ela respirou fundo e fez de conta que foi raptada por aliens.

E lá estavam eles, pensou ela, submetendo-a a exames estranhos com coisas gelatinosas nos seus cabelos e na sua testa, tentando descobrir onde estavam os mísseis da Terra ou quais governantes tinham segredos a serem revelados.

E ela era uma agente do FBI.[1]

Supersecreta.

[1] É uma espécie de polícia federal lá dos Estados Unidos.

Bom, já não era mais tão secreta, pois os aliens haviam descoberto seu segredo, mas ninguém mais sabia. Sua mãe, seu pai, seus primos, ninguém. E tinha de bolar um meio de escapar.

— Steph, quando ouvir um barulhinho de um sinal, conte — disse o médico.

— Não adianta, não te direi onde estão as bases militares do meu país — respondeu ela, corajosamente.

— Como é?

— Como é o quê?

— Steph, conte quantos barulhos você ouvir através desses fones que estão no seu ouvido.

— Sim, senhor — murmurou ela, imaginando tudo aquilo como uma lavagem cerebral.

Ela começou.

Um.

Dois, três.

Quatro, cinco, seis...

Sete.

"Oh, minha nossa, e se isso for um teste para avaliar minha inteligência? E se isso for uma armadilha da escola para me passar para o primeiro ano outra vez?" — pensou ela, desesperada. — "Nossa, não posso errar! Se eu errar, eu..."

Aí percebeu que já havia perdido a conta. Afinal, onde estava antes mesmo? Já devia passar dos treze. Essa não!

Fez de conta que já estava no quinze. Então continuou.

Dezesseis.

Dezessete, dezoito.

Dezenove, vinte, vinte e um, vinte e dois.

"O que será que vai ter no jantar hoje?"

Vinte e quatro? Vinte e cinco...

"Que bobagem a minha! Provavelmente o mesmo que no almoço, oras!"

Acabou o exame. O médico perguntou quantos sinais foram e ela respondeu sem hesitação: trinta. Ele balançou a cabeça afirmativamente e ficou olhando uns papéis.

— Acertei? — quis saber, preocupada.

— Não importa — respondeu ele, calmamente. — Isso é só para avaliar se você mantém a concentração, não precisa...

— Mas acertei?

— Steph, não se preocupe, já disse. Você já passou pelo exame.

— Acertei ou não?

— Aff, acertou.

— Eba!

Depois deitou a cabeça de novo no colchão e ficou se perguntando se ele tinha mentido. Você sabe, os médicos às vezes desconversam as crianças. Que mania de achar que ela não entendia! Que atrevimento desse alien!

O médico chamou a mãe de lado e falou baixinho, mas Steph esticou o ouvido. Iam falar dela, oras! E já estavam falando dela desde que chegaram, mesmo.

— Sua filha tem uma coisa chamada TDAH.

— Ai, é grave, doutor?

— Oh, não, hoje em dia é normal. Muitas crianças têm isso, sabe? O nome disso é Transtorno de Déficit de Atenção com Hiperatividade.

Steph estava radiante. Tinha algo na mente que parecia um daqueles poderes de super-heróis. Talvez tenha sofrido alguma descarga radioativa, sei lá.

Será que foi quando passou muito perto de uma daquelas máquinas de sacar dinheiro?

Ou quando ficou muito perto do pai enquanto ele estava usando o telefone celular?

Ah, se pelo menos houvesse prestado mais atenção naqueles desenhos de ficção científica!

— O que isso significa, doutor?

— Bem, ela é uma jovem muito esperta que pensa em muitas coisas. O problema é que é muito ativa e não se concentra muito bem. Ou, então, se concentra até demais e esquece tudo a seu redor. É normal que fique impaciente às vezes ou que perca suas coisas frequentemente.

— O que devo fazer, doutor?

— Há duas alternativas — afirmou o médico, com aquele ar de quem sabe das coisas. — Ela pode tomar remédio ou procurar um atendimento psicológico.

— Psicólogo?

— Sim, senhora. Se quiser, tenho o telefone de alguns.

Steph ficou indignada. Só porque agora tem poderes mutantes não pode se dar ao luxo de usá-los e tem de aprender a sufocá-los? Isso não!

Quando saíram de lá, Steph ficou imaginando o que poderia fazer agora que tinha poderes. Talvez as regras mudassem em casa.

— Steph, as coisas vão mudar lá em casa.

Ela sabia! Estendeu um sorriso que chegou de orelha a orelha.

— Para começar, nada de TV enquanto estiver estudando. Sair da cadeira, então nem pensar. E nem pense em ligar o rádio também.

— Mas por quê, mamãe? Agora que tenho superpoderes posso fazer qualquer coisa! E ninguém mais vai me deixar de fora das brincadeiras.

Dona Mariana coçou a cabeça enquanto dirigia. Nunca sabia se a filha estava brincando ou falando sério.

Quando chegou em casa, a mãe ligou para a psicóloga e depois etiquetou todas as coisas da filha: cada um dos lápis do estojo de lápis de cor, veja só! Depois pregou na parede do quarto uma lista com tudo o que a menina devia fazer durante o dia. Não que não ela fosse muito chegada a obrigações. Bem, na verdade não era, mas oras! Nunca deixava de cumprir nada!

Bem, certo, às vezes.

Mas só por distração. Não por maldade.

Mas dona Mariana afirmou que, se ela cumprisse tudo direitinho, ia ganhar mesada.

Mesada, olha só! Ia poder juntar bastante para comprar aquele trem que ela queria. Ou um balão gigante para dar a volta ao mundo. Melhor ainda, um dirigível. Poderia até fazer uma propaganda aleatória de algum molho de tomate nele e ganhar mais dinheiro ainda.

Mas, claro, antes de mais nada o importante era comprar um castelo em frente à praia. O difícil mesmo seria decidir em qual praia. A com ondas fortes era legal, porque ela podia surfar, mas a mais calminha era boa para relaxar, como mamãe sempre dizia. Podia fazer isso por ela, então. Assim a mãe podia ser recompensada por estar lhe dando mesada. Bom, mas então ela compraria um segundo castelo na praia com ondas mais fortes a partir do segundo mês. E, se sobrasse dinheiro, ainda poderia pôr uma mobília moderninha. Em tom creme. Ou então toda rosa.

— Mamãe — perguntou ela, enquanto a mãe anotava na agenda o dia da consulta com a psicóloga —, onde posso encontrar móveis cor-de-rosa?

No dia seguinte na escola, Steph estava contente e a turma estranhou o fato de ela estar toda etiquetada. Tinha etiqueta nos cadernos, nos lápis, nas canetas, nos tênis, na blusa, na mochila, em toda parte. Só faltava ter etiqueta em cada um dos fios de cabelo!

Continuava distraída, mas falava sem parar. Até mais do que o normal. Normal dela, lógico. A professora não tinha paciência nenhuma mesmo e lá estava Steph na sala da coordenação. De novo. Dona Mariana já nem ia mais, então só deixavam a pobre Steph ali enchendo linguiça enquanto a aula corria tranquila do outro lado.

Ela não ligava muito. Punha-se a observar os quadros na parede e tentava imaginar quanto tempo o artista levou para pintar cada um deles. Então lia as assinaturas.

Será que ele usava um pseudônimo, você sabe, aqueles nomes diferentes que artista usa para não ser identificado ou para soar mais legal? Será que o artista fazia outras coisas além de pintar quadros? Será que, na verdade, ele trabalhava em algum serviço secreto ou era um espião de algum país? Bom, isso justificaria o pseudônimo.

Ela olhou para a atarefada secretária da diretora que passava o tempo todo atendendo o telefone e repetindo a mesma coisa. Esperou que parasse por dois minutos, enquanto escrevia alguma coisa em um bilhetinho muito pequeno, para perguntar:

— Você conhece algum espião que pinta quadros?

Steph começou a contar para todo mundo sobre seu TDAH com ares de superioridade. As crianças abriam a boca espantadas e ficavam lhe fazendo perguntas. Outras passaram a evitar Steph achando que podia ser contagioso. Pior foi quando a própria se declarou protetora dos pobres e deprimidos.

— Oprimidos — corrigiu a professora, sem prestar muita atenção.

— Mas também quero ajudar aqueles que estão tristes, professora —, consertou ela, sem se deixar abalar.

Na quarta-feira, a mãe enfiou a defensora em um vestidinho amarelo de bolinhas e tocou o carro para o consultório da doutora Eliana. Steph estava muito zangada. Fez beicinho, cruzou os braços e declarou para si mesma que nenhuma psicóloga no mundo ia fazê-la desistir de seus poderes.

— Oi! Qual o seu nome? — perguntou a psicóloga, animada.

— Meu nome é Super-Steph!

— O nome dela é Steph — corrigiu a mãe, rapidamente — e ela tem TDAH. Pode dar um jeito nela?

A mulher riu e Steph tentou contar quantos dentes ela tinha na boca. Sabia que eram 32, mas queria ver quantos apareciam do lado de fora.

— Ela é perfeita do jeito que é. A gente não precisa dar jeito, não. Vamos só ajudá-la a lidar com isso, não é, Steph?

Ah, assim era bem melhor. Lidar com os poderes era melhor do que sufocá-los, certo?

A psicóloga animada encaminhou a menina para a sala ao lado e nem bem Steph entrou já foi se acomodando e pegando um jogo que viu na prateleira.

— Uau, você tem o Detonador 3000! Puxa, eu sempre quis um desses!

— Ah, é o meu favorito! Quer jogar?

— Vamos jogar? Você não vai me pôr deitada em um divã e ficar perguntando sobre o meu passado?

— Bom, acho que não precisa. Você só me conta o que tiver vontade.

Steph sentou-se no chão, em vez de na cadeira. Espalhou as peças, toda contente e começou o jogo. Elas jogaram duas, três vezes. Mas algo estava errado.

— Você só ganha! — lamentou a menina, frustrada.

— Ah, acho que tenho certa prática.

— Isso não é justo! Não quero mais brincar!

— Ahn... certo. Quer brincar de outra coisa?

— Não. Perdi porque não sei me concentrar.

— Hum... vai usar o TDAH como desculpa?

Por que raios todo mundo pensa que Steph não gosta de seus poderes?

— Não! É porque, na verdade, meu pai morreu há muito tempo. Minha mãe, na verdade, é minha madrasta, e me força todo dia a lavar o chão e cozinhar para minhas duas irmãs feias.

— Oh, não me diga — respondeu a doutora, fazendo de conta que prestava atenção.

Steph se empolgou. Como era fácil!

— E também fico trancada o dia todo em um sótão escuro, e tenho como amigos apenas os ratinhos.

— A sua fada madrinha já apareceu?

— Minha o quê?

— Gosto muito da história da Cinderela. Mas a da Bela Adormecida é minha favorita.

Steph deu um estalo com a língua. Quase tinha pego ela!

— O que você gosta de fazer, Steph?

— Tudo...

— Gosta de desenhar?

— Gosto!

— Qual sua matéria favorita?

— Hum... português.

— O que mais gosta de fazer?

— Gosto de escrever!

— Uau! Que legal, que tal pensar em algo para me mostrar na nossa próxima consulta?

— Algo?

— Sim, que tal escrever um livro?

— Um livro? Eu?

— Não, essa menina atrás de você. Claro que é você!

Steph coçou a cabeça, pensativa. "Escrever um livro? Mas sobre o que poderia falar? Talvez sobre artistas espiões. Ou aliens que disputam com bichos-papões o armário das criancinhas. Que tal então sobre crianças que nascem com superpoderes e agora têm de lutar contra aliens malvados e aulas de matemática?"

Estava tão absorta nos pensamentos que nem percebeu quando a mãe a puxou para fora da sala e a enfiou de volta no carro.

— E aí? Como foi?

— Mãe, o que você prefere: crianças superpoderosas *versus* professores alienígenas ou anjos de asas cortadas que são obrigados a viver na Terra porque se machucaram em algum voo?

— O que aconteceu lá dentro, afinal? — perguntou a mãe, angustiada.

Mal chegou em casa e Steph começou a passar para o papel tudo o que estava imaginando. Levou cerca de duas horas. A mãe chegou a ficar preocupada, já que Steph jamais ficava mais de duas horas em uma coisa só. Aliás, não ficava mais de cinco minutos em coisa nenhuma.

Quando terminou, ergueu a folha na mão como se fosse uma espécie de troféu ou um diploma de faculdade de medicina e mostrou à mãe.

— Veja, mamãe, meu alien!

— Nossa, minha filha. Até que você tem talento. Parece um monstro, mesmo.

— Monstro não, mãe, alien. Acha que está bem feio?

— Sim, está bem feio.

— Sério mesmo? Não está dizendo isso para me agradar?

— Não, minha filha, verdade. Está horrível.

— Obrigada, mamãe!

A menina saiu animada, com um grande sorriso. Daí fez uma série de aliens, cada um mais pavoroso do que o outro. Incluiu a ficha de nascimento deles. Os mais feios eram de Plutão e os mais vermelhos eram de Mercúrio. Ou de Vênus, tanto faz. Agora precisava criar os mocinhos. Ou os mocinhos seriam os aliens?

Bem, não importa. Tinha de criar outros seres. Depois os figurantes. Daí um mapa para que as pessoas pudessem entender toda essa história de aliens que viriam à Terra para lutar contra artistas espiões que planejavam entregar os poderes do TDAH para um grupo de neuróticos que liam as mãos das pessoas.

Era simplesinha, mas dava para o gasto. Podia complicar mais depois que já estivesse apta a escrever melhor.

O problema é que agora tinha horário para tudo. Hora para comer, hora para dormir, hora para estudar e até hora para ver TV. Mais de duas horas de videogame então, nem pensar. A vida estava ficando uma loucura!

Algumas coisas estavam mudando, de verdade. Steph continuava sem prestar atenção, mas a professora já nem ligava mais. A única coisa que a menina fazia agora era rabiscar as folhas do caderno o tempo todo, mas pelo menos não atrapalhava a aula.

No recreio, as crianças amontoavam-se ao lado dela querendo saber o que tanto escrevia e desenhava a aula inteira. Steph exibia orgulhosa seus rabiscos, explicando minuciosamente cada traço.

As crianças apontavam para um e para outro com seus dedos sujos de lanche.

— E esse aqui, o que é?

— Esse é o Pterówsky. Ele é o alien comandante da tropa de Marte.

— E esse, qual é?

— Essa é a Drastina. Ela que recolhe o poder do TDAH e passa para as pessoas mais bambambãs da galáxia.

— E este aqui? Parece importante!

— Esse é o cachorro dela.

Cada dia Steph chegava mais empolgada da aula. Podia esquecer todo o material na escola, mas nunca suas folhas rabiscadas. Também vinham acompanhadas de uma advertência por não prestar atenção adequada em sala de aula, mas isso não era o mais importante. O importante é que Steph se sentia importante.

Claro, isso até o fatídico dia. Sempre tem de ter um fatídico dia.

A diretora entrou na sala com um sorriso. Certo, isso era realmente preocupante. Ela nunca entrava na sala com um sorriso. Quer dizer, ela sempre vinha dar bronca em alguém ou pedir que alguém dedurasse o engraçadinho que estivera soltando bombinhas na sala da faxina. Se estava sorrindo, então devia saber quem era o engraçadinho, afinal de contas.

— Crianças, vim contar uma novidade! Na semana que vem é o dia da nossa feira cultural. Todos devem escolher um tema de que gostem e apresentar cartazes e desenhos sobre a vida, obras, o que souberem ou puderem trazer sobre escritores nacionais. E teremos inclusive um prêmio para o melhor estande!

Isso causou uma euforia geral. Quer dizer, um prêmio? Ano passado a sala do 8º ano apresentou um mural enorme sobre Machado de Assis e foi considerado o melhor da escola. No ano anterior, foi a vez do 4º B. "Mas, puxa" — pensou Steph — "um prêmio?"

— É surpresa! Mas agora podem se organizar em grupos de cinco e vamos selecionar. É livre, portanto podem escolher os autores que quiserem, sem repeti-los.

Não era verdade que Steph não tinha amigos, só que ela não tinha o hábito de se enturmar e, naquela etapa da vida escolar, as panelinhas já estavam todas formadas. Resultado: ficou de fora.

— E então? — perguntou a professora, ansiosa para acabar com toda aquela bagunça. — Todo mundo já se dividiu em grupos?

— Jáááá! — gritaram as crianças em uníssono.

Steph levantou a mão, timidamente.

— Espera, professora! Não tenho grupo...

A diretora deu uma olhada rápida para a professora que acenou afirmativamente com a cabeça.

— Você não precisa fazer o trabalho, Steph.

— Ué? Por que não?

— Por que você não irá se concentrar no trabalho e ainda poderia atrapalhar as crianças que estivessem no seu grupo. Aliás, estamos considerando mudá-la de turma.

Steph ficou com lágrimas nos olhos.

— P-por quê?

— Sinto muito, mas seu TDAH pode atrapalhar. Você sabe, o déficit de atenção significa que você se desconcentra fácil, então vai atrapalhar muito. Sem contar sua hiperatividade. Não consegue ficar quieta.

Steph estalou o bico. Quer dizer, quando algum dia se tornar bem-sucedida e olhar para trás vai ter um passado a esconder. Ou então em algum debate na faculdade, vai erguer a mão e expor todo o problema do passado, e seus colegas vão confirmar que tudo aquilo fora um absurdo. Daí lhe dariam tapinhas nas costas e comentariam o quanto ela teve de aturar na infância.

O problema é que ela ainda estava na infância.

Chegou em casa com os olhos vermelhos. Até a mochila ela esquecera na escola.

— O que aconteceu, minha filha?

Ela contou tudo, sem esconder nada. Até o fato de ter grudado um chiclete na carteira antes de sair. A mãe suspirou. Tudo bem, Steph estava fazendo drama, claro.

— Bem que o médico havia me aconselhado a procurar uma escola inclusiva... Vou fazer uma proposta na próxima reunião de pais e mestres. Claro que pode demorar para esta redação ser feita, no entanto, é muito importante. Mas olhe, minha filha, não ligue. Você sabe que é esperta.

— Não sou, não! Não tenho superpoderes! Tenho um problema!

— Ora, e quem não tem problemas? — argumentou a mãe. — Já viu quantas vezes pergunto onde estão meus óculos e na maioria das vezes estão na minha cabeça?

Steph riu. Era verdade.

— E quando saio toda nervosa para o supermercado e compro a mesma coisa que comprei ontem porque esqueci a lista em casa?

— Ou quando você bateu o carro e esqueceu de contar para o papai, né?

— Er... hum... sim, certo. Então, viu? E vai me dizer que todos os seus amigos só tiram notas altas na escola também?

— Não! A Suzana foi retida e a Giovana ficou de recuperação! Ah, e o André foi suspenso duas vezes.

— Viu? Você tem uma capacidade boa também. É só fazer o que gosta. E como você consegue fazer muitas coisas, acaba não se concentrando em nenhuma direito, só isso.

— E agora, mamãe?

— Vou ligar para a escola e exigir uma ficha de inscrição.

— Mas não tenho grupo, mamãe!

— Vai fazer sozinha, oras!

— O trabalho de cinco? Sei não, mamãe...

— Eu te ajudo! Você vai ver que é uma super-heroína no fim das contas!

— E sobre quem vou fazer?

— Vou ligar para a escola e descobrir.

Dito e feito. Lá se foi dona Mariana para o telefone passar suas costumeiras duas horas reclamando. Steph aproveitou a distração da mãe para ligar a TV e assisti-la duas horas fora de seu horário permitido.

— Pronto! Tudo resolvido!

— E então, mãe, vou fazer sobre quem?

— Bem, isso... não sei, sabe? Sei que não pode ser sobre Aluísio Azevedo, Cecília Meireles, Cora Coralina, Machado de Assis, Mário de Andrade, Ziraldo...

— Mamãe! Esses foram todos os escritores que estudei até hoje!

— Bom, então você vai ter de aprender novos...

— Em uma semana? Não dá, mamãe! Não conheço um escritor suficientemente bem para escrever tanto sobre ele em uma semana!

— Uh... espera seu pai chegar e a gente pensa em alguma coisa...

Enquanto isso, Steph ficou escrevendo. Escrevendo e desenhando. Criou outros personagens. Fez mais mocinhos. Criou mais aliens. Criou até outros planetas para esses aliens. Então o pai chegou.

Steph foi logo despejando sobre ele tudo o que aconteceu, com a mãe no fundo, acentuando os detalhes. O pai, assombrado, parecia um peixinho dourado mexendo a boca enquanto elas repetiam tudo o que tinha sido dito para Steph. No fim, decidiu.

— Steph, sei de um escritor que você conhece muito bem. Aliás, escritora.

— Sério, pai? — perguntou ela, vasculhando mal e porcamente a memória. — Quem é?

— Você!

— Eu? Papai, fala sério — disse ela, parecendo uma adulta. — Não tenho livro publicado. Pare de me mimar.

— Isso é fácil de resolver. Bem, não é fááácil, assim, mas é possível.

— Você parar de me mimar?

— Não, isso é impossível — riu ele —, mas posso dar um jeito de o seu livro ser publicado. Quer dizer, posso procurar uma editora de pequenas tiragens e publicação própria. Sérgio, meu amigo, pode cuidar disso. Ele conhece um cara que trabalha em uma dessas editoras.

— Sério mesmo?

— Sério mesmo.

— E posso desenhar também?

— Pode, sim.

— E meu livro pode ter mais de mil páginas?

— Bom, er, isso não. Por que eu teria de pagar pelas páginas e papai não nada em dinheiro, você sabe.

Bem, ela poderia chamá-lo para ir a seu castelo na beira da praia se o problema fosse só esse. Dinheiro não era mais problema, afinal.

Não para ela, pelo menos.

— Posso começar agora?

— Não, são nove horas — argumentou a mãe —, é hora de dormir. Amanhã você faz.

— Posso matar a aula?

— Não.

— Mas, e se me tratarem mal?

— Você liga para a mamãe e ela vai lá resolver o problema.

Dona Mariana resolver o problema na escola significava uma semana de assunto na classe.

— Pode deixar, eu me viro.

— Mesmo?

— Sim, mamãe. Afinal sou uma super-heroína. Boa noite.

— Claro! Boa noite!

Ela foi dormir, ou ao menos tentou. Muita coisa acontecera naquele dia. Tinha ido de uma heroína com superpoderes a uma aluna desconcentrada e agora era uma escritora! Imagine, ela, uma escritora! Certo, não ainda, mas era questão de tempo. Sua cabeça fervilhava tanto que mal podia dormir. Queria desenhar; escrever até dizer chega. Já tinha de cor o nome dos próximos personagens. Sem contar a personalidade deles; podia criar alguém com uma personalidade igual à sua! Ia ser o máximo!

E claro, um deles tinha de ter um castelo na beira da praia. E o inimigo tinha de ter um dirigível. E na parte maior do dirigível uma imensa propaganda falsa de um sabão em pó para despistar os outros inimigos. Perfeito! Quem podia dormir com uma história tão perfeita assim?

Claro que seu dia na escola foi bastante cansativo por causa disso. Quase dormiu a aula toda, só acordava uma vez ou outra para rabiscar algum personagem novo no canto do caderno. "Está vendo, isso é que dá ficar acordada a noite toda.", Steph pensou. Agora entendeu por que a mãe vivia pedindo para ela ir dormir cedo. A professora pensou que ela só estava meio triste porque disseram que não podia participar da feira. Os colegas acharam que estava zangada porque ninguém a escolheu para fazer parte de um grupo.

De qualquer forma, Steph não se importava. Afinal, tinha uma surpresa. Uma surpresa maior do que seria o prêmio, que também era uma surpresa. A dela era para todos, independentemente de ganhar ou não.

Quando tocou o sinal, Steph correu e deixou metade das coisas para trás, só para variar. A servente, que já estava acostumada, recolheu tudo com a maior disposição. Na verdade, havia até uma parte separada na estante com o nome da Steph. Tinha desde a escova de dentes que ela usou no primeiro ano da escola até o casaco caríssimo que sua mãe comprou à custa de muito sufoco. Valeu-lhe umas duas semanas de castigo, mas ela nem se lembrou de procurá-lo.

Eeh, Steph!

Quando chegou em casa foi logo despejando sobre a mesa todos os desenhos que tinha feito na aula e o pai lançou-lhe um olhar de desaprovação.

— Mas, pai, eu tinha de fazer na aula mesmo! Não há tempo a perder!

— Isso não é desculpa, mocinha. Depois que acabar a feira, vai começar a estudar dobrado para recuperar todas essas distraçõezinhas, viu?

Bom, não era problema. Depois que aparecesse na feira com um livro só seu, a humanidade podia ser escravizada por aliens que ela não estaria nem aí.

Certo, talvez estivesse depois de um tempo, mas ia curtir de montão antes. Começou a tarefa um pouco chata de reunir todas as páginas, selecionar os desenhos, organizar muito mais a história e uma batalha enorme para explicar ao pai todos os detalhes e nuances do enredo que julgava ser tão simples. O que há de extraordinário em aliens, neuróticos leitores de mãos e crianças com superpoderes de TDAH?? Ah, esses pais de hoje em dia...

Devem ter perdido a imaginação assistindo muita TV.

Ou jogado videogame demais, também.

Não que ela não o fizesse, mas com certeza os videogames antigamente eram mais fáceis e não deviam usar muito a cabeça.

Ou então a culpa era do celular.

Era legal ver o pai dando tanta atenção e a cara da mãe perguntando qual ele achava ser o alien mais feio, ao que ele respondia que queria mais café. Steph se sentia tão inteligente! Não que fosse mais inteligente do que eles, claro, mas com certeza sentia-se importante ali no meio. Nem quis parar quando o pai anunciou que já era muito tarde e já estava tudo pronto.

— Mas, papai! — protestou ela. — Ainda falta decidir se vou pôr na história o Pterówski ou o comedor de lagartos!

— Ah, minha filha, põe o Pte... Pto... põe o comedor de lagartos, ora!

— Mas o Pterówski é o detetive intergaláctico! Sem ele a história não tem sentido!

O pai lançou um olhar de confusão para a mãe que acenou afirmativamente com a cabeça. Em nenhum momento tudo aquilo fez sentido mesmo.

— Certo, então põe os dois, minha filha... — respondeu ele, com um suspiro, cansado.

— Mas aí vai ter personagem demais!

— Argh, então tira o comedor de lagartos!

— Já sei! O Pterówski vai ser o comedor de lagartos também!

— Que maravilha. Agora vai dormir.

— Antes tenho de pôr ele na história. Só mais uma hora, papai.

Ele abriu a boca para dizer alguma coisa, mas dona Mariana lançou-lhe um olhar de censura. Steph já sabia. Ele ia soltar um palavrão.

— Ah, vou dormir. Organiza a pilha aí que papai leva para a editora amanhã.

— Certo! — gritou Steph, animada e com brilho nos olhos.

Depois de uma hora, Steph foi realmente dormir. Só que de vez em quando acordava no meio da madrugada para acrescentar algum parágrafo nas folhas. Ia pé ante pé até a sala, rabiscava outra coisa e voltava para a cama. Fez isso tantas vezes que dona Mariana a encontrou dormindo de boca aberta na mesa da sala e babando na toalha.

— Eeh, Steph... — murmurou ela, balançando a cabeça.

Ainda faltavam três dias para a feira. Agora, quando Steph ia para a psicóloga, falava tanto dessa novidade que a hora da consulta nem era suficiente. Mas na classe era absoluto segredo. A língua coçava, coçava para contar, mas nem pensar. Queria surpreender todo mundo.

Esse ia ser só o primeiro livro, claro. Já tinha ideias para os próximos. Já imaginava em quantos idiomas eles poderiam ser traduzidos e se ia demorar muito para Hollywood comprar os direitos do primeiro livro. Você sabe, para virar filme. Pesquisou na internet quantas línguas faladas existiam e surpreendeu-se ao ver que há quase 7 mil.

— Nossa, meu livro vai ser traduzido para isso tudo de línguas? Vou querer uma cópia de cada um. Mããe!! — gritou ela para a mãe na cozinha. — Vamos ter de fazer mais uma estante no meu quarto!

E quem seriam os atores que iriam estrelar seu filme? Será que teriam de ser estrangeiros? Quais os filmes de ação mais famosos? Porque, claro, só poderiam participar de seu filme aqueles que já tinham recebido o Oscar. Pesquisou na internet todos os que se encaixavam no perfil. Achou um perfeito para ser o Pterówski e salvou a imagem dele no computador.

O pai já tinha levado o livro para ser publicado e Steph não conseguia parar de roer as unhas de ansiedade. A única hora em que parava de andar pela casa despejando mil perguntas sobre a mãe era quando havia desenhos de ficção científica na televisão. Afinal de contas, tinha de aprender a lidar com seus superpoderes.

No dia seguinte, teve uma surpresa na sala. Uma menina nova, transferida de outra escola, sentou-se a seu lado. Até aí tudo bem, mas a novidade foi quando escutou a mãe dela conversando com a professora na porta.

—... bem, você sabe, ela tem TDAH, por isso pode ser um pouco difícil o convívio, mas ela não é ruim nas matérias...

Como assim? Outra garota com superpoderes? Uma rival logo de cara?

Mirou a menina dos pés à cabeça. Cabelo preto, calada, com sardas no rosto. Quais eram os poderes dela, afinal?

— Oi! Qual seu nome? — perguntou Steph, tentando ver o rosto da menina, que o mantinha oculto com os cabelos jogados na sua frente.

— Oi... meu nome é Mirella — respondeu ela, esticando um olho para ver Steph.

— Você também tem superpoderes?

— Eu o quê?

— Você sabe, oras! TDAH!

— Ahn... tenho, mas...

— Você não é ansiosa? Não é tagarela que nem eu? Não fica inquieta na cadeira e sente que está sentada sobre formigas?

— Ahn? Não...

Steph não conseguia entender. As crianças com superpoderes de TDAH não deviam ser como ela? Então isso queria dizer que cada um tinha poderes diferentes? Teve um súbito lampejo e disse, feliz da vida:

— Ei, vai ter uma feira na escola sobre escritores famosos! Quer fazer comigo? Como chegou hoje não deve ter grupo, certo? Estou sozinha!

— Anh... não... não tenho... pode ser... Mas sobre quem você vai fazer?

— Vai ter de guardar segredo! Você guarda?

— Steph, vira para a frente! — falou a professora, irritada.

— Guardo... — murmurou a menina, timidamente.

— Vou fazer sobre... tchan-tchan-tchan-tchaaan! Sobre mim!

— Você?

— Steph, vira para a frente, menina! — insistiu a professora.

— Sim, eu sou uma escritora! Não sabia? — respondeu ela, com uma cara de espanto.

— N-não...

— Ah, claro que não. Eu ainda não sou famosa. Na verdade, não publiquei nada ainda, mas é só questão de tempo.

— Tempo?

— Steph!!

Mirella foi para a casa da Steph depois da aula. Entrou calada, murmurou um "Oi" bem simples para os pais da menina, e sentou-se quietinha. Steph fez um muxoxo, disse para a mãe que ela só estava com vergonha e fez questão de mencionar os poderes da menina.

— Steph! Talvez ela não goste que comente esse... você sabe, o TDAH!

— Mas como alguém poderia não gostar?

— Você nem sabe o que... ah, deixa pra lá, vai. Vou preparar um suco para as duas.

— Laranja! Não, morango! Peraí, morango me dá coceira! Não, já sei, de uva! Uva!

— E a Mirella?

— Mireeellaaa — gritou Steph para a menina na sala —, quer suco de uva?

Passaram a tarde toda conversando e fazendo o trabalho. Na verdade, Steph passou a tarde toda conversando; Mirella fez o trabalho todo. Fez uma entrevista com a tagarela e tinha um talento enorme para desenhar letras bonitas no cartaz. Steph ficou impressionada.

— Nossa, Mirella, você sabe das coisas, hein? Ficou lindo! Parece que foi impresso no computador! Olha meu nome aí em letras garrafais: "STEPH, A ESCRITORA DE FICÇÃO CIENTÍFICA.". Eu não sabia que meu livro era de ficção científica.

— Acho que é, sim — murmurou Mirella, timidamente. Nem ela sabia ao certo do que a amiga falava no livro.

— Certo, o que falta?

— Colar algumas fotos suas.

— Ahn, certo! Tenho uma, de quando eu estava vestida de princesa no carnaval do ano passado, que eu amo!

— Ah... na verdade... sua foto tem de ser mais formal, sabe? Tipo, mais simples e tal.

— OK!

Steph correu para o quarto trazendo um baú enorme cheio de fotografias velhas e embaçadas, algumas até coladas nas outras. Pôs um monte sobre a mesa e Mirella, com a maior paciência do mundo, foi separando e selecionando algumas. Paciência mesmo, porque Steph ficava sobre o ombro dela apontando e reclamando que "Aquela era boa.", "Essa aí não.", "Essa é muito feia." etc.

Steph relembrou muitas coisas do seu passado, coisas de que nem se recordava mais; igual a você quando revira aquele baú de brinquedos que cansou de usar e quando vai levar para outras crianças brincarem, sorri ao lembrar-se dos momentos felizes que passaram juntos e que vai ser dividido com outras crianças. No caso das fotos, aquelas lembranças eram só dela, e só Steph podia entender o que cada uma significava, não importava o quanto Mirella olhasse e avaliasse as imagens. Como no dia em que o tio Arthur jogou a boneca da Steph na piscina para incentivá-la a nadar e ela jogou a cerveja dele na água, também achando que estivesse brincando. Quando o tio pulou na piscina para salvar a lata, Steph pulou nas costas dele e apanhou a boneca. A mãe tirou a foto com Steph nas costas do tio, ambos rindo e a menina com a boneca no alto, tentando não molhar mais a coitadinha.

Ou quando o pai de Steph comprou os patins que ela queria muito, mas caiu tantas vezes, num dia só, que desistiu dois dias depois; e o pai nem ficou tão zangado por ter trabalhado quase o dobro do tempo para comprá-los. Só murmurou: "Eeh, Steph" e guardou-os no armário.

Steph também se emocionou quando olhou cada foto de aniversário. O de dois anos teve como tema as princesas; o de três, um desenho de que ela nem se lembrava mais e o de quatro, o Super-Homem. O pai nem batia o pé, mas ficava reclamando que preferia o tema da Barbie porque Steph era uma menina doce. Steph rebatia que não tinha problema porque ia ter doce na festa.

Os pais dela nunca a trataram diferente porque ela era um pouco distraidinha. Steph era mimada, recebia bronca, levava castigo, como qualquer criança. Afinal, ela era só um pouquinho mais distraída e agitada, mas e daí? O Batman só usa preto e roupa colada. O Homem-Aranha tinha aquele símbolo de inseto feio que dói. E a Mulher-Maravilha, coitada, como conseguia achar o avião invisível dela no estacionamento?

Nunca ninguém reclamou das manias da Steph. Tá, só um pouquinho, mas nunca deixaram de ajudá-la em coisa alguma ou de dizer "Não." quando fosse necessário.

Nem reparou quando viu que Mirella estava sorrindo para ela.

— Que foi? — perguntou Steph, com o rosto corado.

— Você está toda feliz! Aposto que está se lembrando das coisas. Eu também fiquei boba assim quando mamãe e eu estávamos juntando minhas fotos da piscina ontem.

— Eu não fiquei boba — ela rebateu. — Só fiquei feliz de perceber que ninguém se incomoda de eu ter superpoderes.

Mirella deu de ombros e riu.

Por fim, os cartazes ficaram prontos. A mãe de Steph escolheu uma bela toalha de mesa (dessas que só se usa em ocasião de festa) para levar para a escola. Claro que seguida de uma série de recomendações, tipo: "Cuidado para não derramar nada nela.", "Não pise nela.", "Não se pendure nela.", "Se rasgar, não ganha mesada para o resto da vida." etc. etc. Steph separou, depois, uma série de objetos pessoais (tipo bola, boneca, escova de dentes) para apresentar aos fãs. Separou uma série de canetas também, caso precisasse dar autógrafos aos montes.

Você sabe, nunca se tem caneta por perto quando se precisa. Parece que é só piscar os olhos e ela se vai para o Planeta Dimensional da Sociedade Secreta da Tinta. Ou então se metamorfoseia em outra coisa. Assim, tipo borracha, apontador ou outra coisa de que no momento você não vai precisar.

O pai chegou, então, com os livros. Foi um sufoco em meio aos gritos de "Quero ver." e "Eu primeiro.", e Steph jogando-se sobre as embalagens de papel, para depositá-los sobre a mesa. As capas estavam ótimas, mas Steph reclamou que seu desenho não estava na frente, apenas letras garrafais com o título *A conquista dos heróis hiperativos*, e um alienzinho seu, o preferido, no canto. Sim, o Pterówski.

O pai teve então de explicar a ela, calmamente, que seria tudo questão de marketing e que, se era apenas para pôr desenhos, melhor seria uma história em quadrinhos etc. etc.

Mas Steph não estava muito incomodada. Estava com seu livro nas mãos, aquele que escreveu sozinha, quando todo mundo dizia que não ia dar conta. Pois sim! Ela podia dar conta do mesmo jeito que qualquer um! E ali estava a prova.

Mirella ficou encantada e disse que ia levar para casa para ler, já que a única coisa que sabia do livro era o que Steph tinha contado para ela. Em resumo, não muita coisa.

Havia umas cem cópias, mas Steph ficou muito preocupada, dizendo que na escola havia mais de mil crianças e que não ia dar para todo mundo. Pensou, então, em vender cada um pelo preço de um carro, assim só os que realmente pudessem gastar o equivalente a um carro poderiam adquiri-lo.

Dona Mariana gastou cerca de uma hora explicando para a menina que o que ia haver na escola era uma feira, uma exposição, e que não podiam vender nada, só distribuir, mas o pai prometeu deixar tudo na livraria no dia seguinte. Qualquer coisa para fazer Steph ir para cama sem reclamar.

Tentativa falha, claro.

Mais uma noite mal dormida para Steph.

Por que tudo o que acontecia durante o dia ficava circulando na sua cabeça durante a noite? Bem, talvez porque fosse a única hora em que sossegava. Aí o cérebro parava e dizia: "Finalmente uma hora para pôr o assunto em dia e não ser interrompido.".

De alguma forma, depois da feira, Steph ia ter de dormir para repor todo esse sono perdido. Mas como? Com certeza depois da feira iria receber ligações sem parar e, provavelmente, muitos jornais e editoras estariam em seu encalço.

Bom, tudo bem. Podia contar com os pais para resolver esse probleminha. Afinal, criança não trabalha. Dá trabalho, mas não trabalha. Bem, só um pouquinho, quando lava a louça do café. Ou dá uma lavadinha nos tênis. Arruma o quarto. Varre a sala. Tá, deixa pra lá.

Acordou antes de o despertador tocar. Queria ser a primeira na feira. Bom, só tinha pego no sono mesmo minutos antes de levantar, mas por que continuar na cama com tanta coisa para resolver?

Ligou para Mirella e quem atendeu foi um senhor meio mal-humorado que disse que ela ainda ia acordar. Steph protestou com ele, insistindo para que ela se apressasse. Dona Mariana tomou o telefone da menina e pediu mil desculpas ao senhor.

A escola já estava aberta quando chegaram. Sua mesa aparecia lá, reservada, ao lado da porta de entrada. Ótimo, ali era passagem obrigatória e não seria comprimida por sua imensa multidão de fãs.

Steph e Mirella esticaram os cartazes, colaram os pedaços de fita adesiva e fizeram aquela série de coisas que se faz quando é hora de organizar a mesa da feira, do estande, na escola. Independentemente de o tema ser ciências, literatura ou cultura. Você sabe, arrumar a toalha, distribuir os objetos em cima — de preferência nenhum que manche —, depois um caderninho de visitas e sugestões, e fazer uma cara sorridente para quem passar por perto. Certo, talvez nem todos sigam a tradição à risca, mas com certeza os que conquistam prêmios, sim.

Conforme as crianças chegavam para montar seu estande, iam passando pelo estande de Steph e Mirella boquiabertas. Dona Mariana posicionou-se logo atrás, pronta para rebater a primeira reclamação que surgisse pelo fato de Steph não ser uma escritora de verdade.

A mãe da Steph podia ser até magrinha e parecer bem calminha em seu vestido de flores bordado. Mas não queira discutir coisa alguma com dona Mariana. Pode não ser muito saudável.

A professora chegou e passou pelo estande da Steph. Coçou a cabeça e foi procurar a coordenadora. As duas olharam, olharam, em seguida olharam para dona Mariana que empunhava, não se sabe por que, um guarda-chuva preto encostado no ombro, olharam para o estande de novo e saíram.

Ao lado do estande de Steph, outros montados com o nome de Carlos Drummond de Andrade, Castro Alves e Manuel Bandeira estavam cheios, apinhados de gente. Mas logo esvaziavam-se para então contornarem a mesa de Steph e Mirella. Riam e apontavam os desenhos. As crianças estavam eufóricas. A menina estava com um brilho orgulhoso e cheio de contentamento nos olhos.

A diretora chegou mais tarde, acompanhada da professora. E da orientadora. E da coordenadora.

— Desculpe-me — adiantou-se a diretora, com um sorriso amarelo —, mas infelizmente o estande não pode ser considerado.

Dona Mariana sacudiu o guarda-chuva.

— E por que não?

— Bem, a senhora sabe... Steph não é uma escritora de renome.

— Ora, claro que é! Ela escreveu um livro.

— Mas não é um livro publicado...

— Como não? O que acha que é isso? — estendeu-lhe o livro, balançando-o decididamente.

— Bem, mas ela não é uma escritora famosa! — argumentou a diretora, meio irritada.

— Mas vou ser! — protestou Steph, com veemência. — E esse é só o primeiro! E depois, aqui na feira não diz: "escritores famosos nacionais" e, sim, "escritores nacionais", então está valendo!

— É isso mesmo! — concordou Mirella, que até então estava calada, de súbito. — Eu li o livro da Steph e gostei! Então ela é uma escritora para mim!

A diretora ficou desconcertada. O jeito era levar o caso para o conselho escolar. Mas as crianças das outras salas estavam todas ali, aplaudindo a confiança e a coragem das duas meninas. Os meninos do 9º ano pegaram alguns livros e os leram, mesmo achando confusos. Começaram a chamar a professora de Pterówski. Steph não gostou. Disse que Pterówski era um pouco mais alto. E mais bonito.

Houve um tumulto. O segurança da escola disse que não ia remover estande nenhum e que ia levar o livro para a filha ler. No fim, depois de uma rápida reunião do conselho escolar, resolveram o caso. Steph era uma escritora nacional.

No fim da feira, houve o voto popular para o estande mais bambambã. Fosse por um incentivo à ousadia das meninas, fosse por gozação dos meninos do 9º ano, o estande das duas foi eleito o melhor. Steph realmente distribuiu autógrafos, mas muitos livros sobraram, ou foram jogados no lixo do lado de fora da feira. Mas o que importava? Estava radiante. Seu talento fora reconhecido.

Nem tinha realmente esperado ganhar o prêmio-surpresa que era, na verdade, apenas duas medalhas e uma coleção de livros do escritor em questão que, no fim, era ela mesma. A escola até economizou. A biblioteca, mais especificamente.

A professora veio ao fim do dia, acompanhada pela diretora. A mãe de Steph estufou o peito, pronta para uma resposta dura, mas, antes disso, a professora estendeu a mão com um olhar cheio de carinho para Steph e disse em voz alta:

— Meus parabéns, Steph! Você me deu uma lição muito valiosa hoje!

Steph coçou a cabeça e apertou a mão da professora. Como assim, alguém ensina a professora? Quando foi que Steph passou lição de casa para ela fazer?

Percebendo que a menina parecia confusa, a diretora riu e disse:

— Ela quer dizer que aprendeu uma coisa com sua atitude determinada, Steph. Nós todos, aliás.

Steph abriu um sorriso tão grande que quase dava para ver pelas costas.

— Que eu vou ser uma escritora famosa?

— Quem sabe? O que você nos ensinou é que você pode ser o que quiser. Não há limites na criatividade e nos sonhos das crianças, independentemente de terem ou não TDAH. Eu devia ter percebido. Olha só o que você fez, movimentou a escola toda!

— Vou ficar de castigo?

A diretora e a professora riram.

— A gente é que devia ficar de castigo, Steph.

— Bem, então sem recreio pra vocês. — Steph não podia perder a oportunidade.

A professora agachou e ficou do tamanho da menina.

— Sabe, Steph, o prêmio não parece grande coisa, mas, graças a você, a escola vai ganhar um prêmio muito maior.

— Uma estátua do Pterówski?

A diretora suspirou. Isso acabaria com o orçamento da escola.

— Não. Vamos transformar esta escola numa escola inclusiva. Hoje em dia há uma série de atitudes que nós, professores, podemos tomar...

— ... e a escola... — acrescentou a diretora.

— ... e a escola, para ajudar crianças como você a controlarem seus superpoderes. Não é preciso muita coisa, só o empenho de todos. Coisas simples mesmo, para ajudarem vocês a manter o foco nas matérias, ou assuntos que gostariam de desenvolver.

— Sério? — Steph estava radiante. — Aqui vai ser uma escola de super-heróis?

A diretora olhou para a mãe de Steph e ela sorriu e deu de ombros.

— Steph... não importa para mim se você tem ou não superpoderes

— a professora acrescentou sorrindo. — Você sempre será uma heroína pra mim. Você mudou a nossa maneira de ver as coisas. Você é fantástica, Steph.

A menina sorriu emocionada. Acabara de salvar o mundo.

Pelo menos naquele dia e naquela escola. Devia haver outras que precisavam de ajuda, mas ela não precisava de bat-sinal, nem de um delegado informando a posição por walkie-talkie. Ela tinha a internet.

A diretora também se aproximou de Steph e murmurou como se estivesse contando um segredo.

— Sabia que eu também era meio agitadinha na infância, Steph? Talvez eu tenha superpoderes de TDAH também...

Steph murmurou de volta:

— Mas a senhora sabe que super-heróis têm de entrar em forma para combater o crime, né? A balança tá ganhando, viu?

A mãe da Steph cobriu o rosto para não rir, mas a diretora não pareceu se importar. Crianças são sinceras, fazer o quê?

Steph e Mirella saíram da escola ambas com uma medalha no peito. Mirella até suspirou aliviada, quer dizer, ela não esperava que tudo desse tão certo assim. Foi quietinha embora com a mãe, que perguntava tudo e a menina nem mexia a boca, mas esboçava um sorriso.

Mas Steph, ah, essa tinha o que falar! Nem bem o pai chegou em casa e foi atropelado por uma série de frases detalhadas de tudo o que acontecera. Foi ao quarto lá fora tirar os sapatos, lavar as mãos, sentar para tomar um copo de leite e as duas, mãe e filha atrás dele, desatando a falar sem parar. Será que dona Mariana também tinha os poderes do TDAH?

O pai ouvia tudo atentamente, só parando para perguntar uma coisa ou outra para entender melhor a história. Então, orgulhoso, disse, com um sorriso em que apareciam todos os dentes da boca. Ou quase todos.

— Eu sabia que ia dar tudo certo, Steph! Você tem muito talento mesmo! Quando tiver mais livros, pode dizer! Que tal poesias? Ou então histórias em quadrinhos? Seus poderes de TDAH permitem que você faça muitas coisas, sabia?

— Amo ser hiperativa — disse ela, batendo palmas.

Dona Mariana revirou os olhos. Via-se bem que ela não compartilhava da mesma opinião.

— Mas, então, cadê a medalha para mostrar pro papai? — perguntou ele, procurando no pescoço da menina o tão falado objeto.

— Ahn... a medalha?

Ela coçou a cabeça, pôs a mão no queixo, olhou para um ponto qualquer do teto e fez cara de quem estava fazendo um esforço enorme para pensar. De súbito, deu uma batida na testa e quase gritou:

— Ai! Esqueci lá no banco de trás do carro!!

— Eeh,

Steph!

MINIBIOGRAFIA

Vivianne Fair sempre foi devoradora de contos de fadas e histórias em quadrinhos, com o nariz sempre dentro das páginas. Uma ratinha de biblioteca que decidiu se tornar escritora. No entanto, achou que podia ser mais e se tornou professora, ilustradora, cantora, mãe, biscuiteira e agora faz um bolo de cenoura muito bom. Mora com seu marido Júlio, seu filho Juliano e sua cachorrinha Paçoca e se distrai com muitas coisas, assim como a Steph.

Você pode encontrá-la inventando coisas para fazer no Instagram: @autoravivifair e em seu site www.recantodachefa.com.br